Käthe Kollwitz:
Mitweinen, mitfühlen und miterleben

Ein Leben lang hat sie in der Bibel gelesen, als gläubig hätte sie sich jedoch niemals bezeichnet. Sie gestaltete Plakate für die KPD-nahe Internationale Arbeiterhilfe; gleichwohl war sie überzeugt: „Das Kommunistenreich ... kann nicht Gottes Werk sein." Von der künstlerischen Avantgarde der Moderne blieb ihr Schaffen merkwürdig unberührt. Dafür berührt uns ihr Werk noch heute – die Mütter mit Kindern im Arm, die ausgezehrten Gesichter der Hungernden, die abgerissenen Gestalten der vom Leben Geschundenen.

Geboren im Jahr 1867 in Königsberg, wuchs Käthe in einem Elternhaus auf, in dem Moral und Pflichterfüllung viel galten. Ihr Großvater hatte die erste freie Gemeinde auf dem Boden der evangelischen Kirche gegründet, und als er starb, übernahm ihr Vater dessen Amt.

Am Anfang war die Bibel, könnte man verkürzt sagen, hinzu kam Goethe. Prinzipientreue und Gewissenhaftigkeit, gepaart mit Herzensbildung und bürgerlich-liberaler Gesinnung – das war der Nährboden, auf dem Käthe ihre künstlerischen Neigungen entfalten konnte.

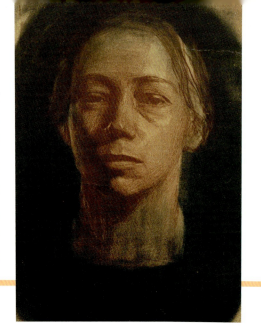

Selbstbildnis der Künstlerin, Farblithografie von 1904. Wie Rembrandt hat sie eine ununterbrochene Reihe von Selbstporträts angefertigt: Rechenschaft, Überprüfung, Zeugnis ihrer Biografie

Früh erkannten und förderten die Eltern das Talent der Tochter. Von Königsberg über Berlin bis nach München führte sie ihre künstlerische Ausbildung. 1891 heiratete sie den Mediziner Karl Kollwitz, einen Jugendfreund ihres älteren Bruders Konrad. Die beiden ließen sich in einem Arbeiterviertel im Berliner Norden nieder, wo Karl fortan als Kassenarzt tätig war. 1892 und 1896 kamen die Kinder auf die Welt, Hans und Peter.

Zwei Zäsuren, die unterschiedlicher nicht sein könnten, markieren Leben und künstlerische Existenz von Käthe Kollwitz. 1898 machte ihr Radierzyklus „Ein Weberaufstand" auf der Großen Kunstausstellung in Berlin Furore. Das grafische Werk, das in der Folge entstand, sicherte ihr den Rang einer der großen Künstlerinnen des 20. Jahrhunderts. Als Gestalterin menschlichen Leidens traf sie den

Nerv der Zeit. Ihre sozialkritischen Bilder verhalfen ihr, weit über das klassische kunstinteressierte Publikum hinaus, in breiten Bevölkerungskreisen zu großer Anerkennung.

Am zweiten Einschnitt in ihrem Leben wäre sie beinahe zerbrochen. Gegen alles elterliche Zureden eilte ihr Sohn Peter 1914 als Kriegsfreiwilliger zu den Fahnen, Goethes „Faust" und das Neue Testament im Gepäck. Nur wenige Wochen später, am 22. Oktober, kam er in Flandern ums Leben. Nur wer selbst ein Kind verloren hat, kann das Leid ermessen, das dieser Schicksalsschlag auslöste. Von grenzenlosem Schmerz zeugen die Tagebücher der Käthe Kollwitz aus jener Zeit. Um so beeindruckender wirkt ihr Entschluss bereits im Dezember 1914, ein Grab- und Ehrenmal zum Gedächtnis ihres toten Sohns und all der anderen jungen Gefallenen zu gestalten.

„Die Lebenden dem Toten", Holzschnitt von 1919 (Ausschnitt). Das Gedenkblatt für den ermordeten Politiker Karl Liebknecht gestaltete Käthe Kollwitz nach dem Vorbild einer klassischen Beweinung Christi

Die "Eltern"-Figuren stehen heute auf dem Soldatenfriedhof Vladsloo-Praedbosch in Flandern. Eine Kopie befindet sich im Inneren der Ruinenkirche Alt St. Alban in Köln

Es wird ihre Lebensaufgabe. "Schrittchen für Schrittchen muss ich vorwärts durch Gestrüpp", notiert sie in ihrem Tagebuch. Über fast zwei Jahrzehnte hinweg arbeitet sie sich daran ab, im Zwiegespräch mit ihrem toten Sohn – "Gebet" sagt sie dazu –, unter Tränen, bis zuletzt. Sie verwirft Entwürfe, setzt immer wieder neu an. Aus der ursprünglichen Drei-Figuren-Gruppe mit zwei Eltern und einem lang hingestreckten Toten entstehen allmählich die beiden berühmten trauernden Elterngestalten, aus einem persönlichen Erinnerungsmal wird ein zeitloses Mahnmal für alle Mütter und Väter dieser Erde. Nach innen gekehrt, ganz auf ihren Schmerz reduziert, richten sie ihren Blick in die Ewigkeit.

„Ich will wirken in dieser Zeit, in der die Menschen so ratlos und hilfsbedürftig sind", hat Käthe Kollwitz einmal geschrieben. Und es war ihr wichtig, vom Volk verstanden zu werden. Wahre Kunst muss einfach sein, lautete ihr Credo. Das Mitweinen, Mitfühlen und Miterleben mit den Geschlagenen ihrer Zeit hat sie ganz selbstverständlich auch in ihrem privaten Leben verwirklicht. Rat- und Hilfesuchende fanden bei ihr bis ins hohe Alter ein offenes Ohr. Mit knapp 40 Jahren notierte sie das Lutherwort in ihr Tagebuch: „Dieses Leben ist nicht eine Gesundheit, sondern ein Gesundwerden, nicht ein Wesen, sondern ein Werden, nicht eine Ruhe, sondern eine Übung. Wir sind es noch nicht, wir werden es aber." Dieses Leben – sie bezieht das berühmte Zitat direkt auf sich – war ihr eine stete Herausforderung, nicht zum Stillstand zu kommen, sondern sich einzumischen, wo es ihr geboten schien.

„Wahre Kunst muss einfach sein"

Sicher ist Käthe Kollwitz nicht der Gemeinschaft gläubiger Christen zuzurechnen. Dennoch wirkt in ihrer ständigen Selbst- und Gewissenserforschung, in ihrer radikalen Parteinahme für die Mühseligen und Beladenen ein Erbteil ihrer Herkunftsfamilie weiter: eine kirchlich ungebundene, radikalprotestantische Grundhaltung, die einem politisch verstandenen Konzept von der Freiheit eines Christenmenschen sehr nahe kommt. Von Institutionen, Parteien und Ideologien ließ sie sich nie vereinnahmen, ihr Gewissen blieb die entscheidende Instanz, an der entlang ihre Lebenslinien verliefen.

Im Verlauf der 20er-Jahre – Käthe Kollwitz hat die 50 längst überschritten – beobachtet sie an sich selbst zunehmend Augenblicke der Erschöpfung. Das Alter erlebt sie vor allem als Müdigkeit. Sie weiß, dass sie ihr Bestes gegeben hat, und dieses Bewusstsein weicht allmählich einer müden Resignation. 1933 wird sie gezwungen, aus der Akademie der Künste auszutreten, in die sie als erste Frau überhaupt 14 Jahre zuvor aufgenommen worden war.

„Man schweigt in sich hinein", notiert sie im November 1936. Sie arbeitet nur noch wenig. Die Nationalsozialisten haben ihr Werk als „entartet" aus der Öffentlichkeit verbannt. Ihrer Bekanntheit im In- und Ausland ist es zu verdanken, dass man sie weitgehend in Ruhe lässt. 1940 stirbt ihr Ehemann Karl. Ihre letzte Grafik gestaltet sie im Herbst 1942: „Saatfrüchte sollen nicht vermahlen werden." Wie eine Schutzmantelmadonna breitet eine Mutter die Arme über ihre Kinder aus.

1942 fiel ihr Enkel Peter an der Ostfront

Das Blatt ist ein erschütterndes künstlerisches Testament, geschaffen ihrem Enkel Peter zum Gedächtnis, der auf den Namen ihres toten Sohns getauft war. Im September 1942 war er an der Ostfront ums Leben gekommen.

*„Saatfrüchte sollen nicht vermahlen werden."
Lithografie von 1942*

Das Kriegsende hat Käthe Kollwitz nicht mehr erlebt. „Lasst mich jetzt fortgehen", schreibt die vom Leben Erschöpfte im Juni 1944 an ihre Familie, „meine Zeit ist um." Am Karfreitag 1945 lässt sie sich von ihrem Sohn Hans die Ostergeschichte aus dem Matthäus-Evangelium und den Osterspaziergang aus dem „Faust" vorlesen. Mit Bibel und Goethe schließt sich der Kreis. Am 22. April 1945 geht ihr Leben still zu Ende. Ihre Asche wurde auf dem Zentralfriedhof Friedrichsfelde beigesetzt. Das Relief fürs Familiengrab hat sie selbst gestaltet. Es zeigt einen Sterbenden, unterfasst von zwei Händen und in einen Mantel eingehüllt. Nur noch das Gesicht ist zu sehen. Ein Mensch an der Schwelle zum Jenseits, geborgen in Gottes Hand.

Elly Heuss-Knapp:
Selbst ist die Frau

Was Elly Heuss-Knapp wohl zum Betreuungsgeld für Eltern gesagt hätte, die nicht arbeiten, sondern zu Hause bleiben?, orakelte unlängst ein christliches Magazin und meinte: „Vermutlich hätte auch sie ‚Herdprämie' gespottet." Wer weiß? Womöglich hätte die erste First Lady der Republik den Begriff „Herdprämie" sogar erfunden, denn immerhin war sie einige Jahre lang sehr erfolgreich in der Werbebranche tätig. Doch nun der Reihe nach.
Eigentlich war dem Professorenkind Elly Knapp, geboren 1881 in Straßburg, der Lebensweg der „höheren Tochter" vorgezeichnet: Mutter und Ehefrau in gesicherten Verhältnissen. Stattdessen wurde sie Lehrerin und war Mitgründerin einer Mädchenschule, sie studierte Volkswirtschaftslehre, erst in Freiburg, ab 1905 in Berlin. Dort wirkte sie auch bei der Vorbereitung der aufsehenerregenden „Deutschen Heimarbeit-Ausstellung" mit. Dabei ging es ganz konkret um das soziale Elend von Heimarbeiterin-

Elly Heuss-Knapp im Alter von knapp 70 Jahren. Hinter der matronenhaften Erscheinung verbarg sich eine modern denkende Frau mit einer beeindruckenden Lebensleistung

nen, um die Zusammenhänge zwischen Niedrigpreis und Lohndumping und um die Erziehung des Publikums zu verantwortungsvollen Konsumenten – im Jahr 1906!
1908 heiratete Elly Knapp den Politologen Theodor Heuss, einen Mitarbeiter des Sozialreformers Friedrich Naumann. Getraut wurden die beiden von einem Jugendfreund aus Ellys Straßburger Zeiten: Albert Schweitzer. Damit sind zugleich ihre zwei großen Vorbilder genannt. Wie Naumann und Schweitzer bemühte sich Elly Heuss-Knapp, in Jesu Nachfolge den Menschen zu dienen und einen Beitrag auf dem Weg in eine gerechtere Gesellschaft zu leisten. Wobei es ihr ganz entscheidend darum ging, die Situation von Frauen zwischen Familie und Broterwerb zu verbessern.
1910 kam der Sohn Ernst Ludwig auf die Welt. Elly arbeitete weiter. Sie studierte evangelische Religionspädagogik, unterrichtete Ausländer in Deutsch, war ehrenamtlich als Schöffin tätig, schrieb und veröffentlichte

(„Bürgerkunde und Volkswirtschaftslehre für Frauen", 1910) und hielt politische Vorträge.
„Frauen, werbt und wählt! Jede Stimme zählt! Jede Stimme wiegt! Frauenwille siegt!", skandierte sie 1918, als Frauen endlich wählen und gewählt werden konnten. Für die Deutsche Demokratische Partei bewarb sie sich zweimal (erfolglos) um ein Abgeordnetenmandat.
„Die Frau im alten und neuen Staat", „Spiele und Geselligkeit", „Armut und Würde" – das sind nur einige der Themen, mit denen sie als Rednerin durch die Weimarer Republik reiste. Kurz vor Beginn des „Dritten Reichs" arbeitete sie sich in das neue Medium Hörfunk ein, um ihre sozialpolitischen Anliegen in Radiovorträgen publik zu machen, und wurde beim Berliner Rundfunk 1931 Mitglied des Kulturbeirats. Damit schuf sie entscheidende Voraussetzungen, die der Familie Heuss das Überleben sichern sollten.

„Frauen, werbt und wählt! Jede Stimme zählt!"

1933 beugte sich der Reichstagsabgeordnete Theodor Heuss seiner Fraktion und stimmte dem Ermächtigungsgesetz zu, das Hitler eine unumschränkte Machtfülle bescherte – der schwerste Fehler seines Lebens, wie Heuss später sagte. Die Nationalsozialisten dankten es ihm auf ihre Weise: Sie entzogen ihm den Hochschul-Lehrauftrag und das Abgeordnetenmandat und erteilten ihm Publikationsverbot.

„Ob's windet, regnet oder schneit, / Wybert schützt vor Heiserkeit" – die Jingles von Elly Heuss-Knapp für die Wybert-Gaba-Werke, Beiersdorf oder die Delta Cigarettenfabrik in Dresden revolutionierten die Werbewelt

Mit 52 Jahren wechselte Elly Heuss-Knapp daraufhin von der Sozialpolitik in die Werbebranche, machte nicht mehr Reklame für die Rechte der Frau, sondern textete Slogans für Halspastillen, Hautcreme und Zigaretten. Sie erfand den Radio-Jingle und ließ sich dieses „akustische Warenzeichen" sogar patentieren. Was uns heute so vertraut ist – eine eingängige Melodie, die einen Werbespot untermalt –, war damals revolutionär: gesungene, deklamierte oder geschmetterte Ohrwürmer, die das Unterbewusstsein „massieren" und „unter die Haut kriechen" sollen, so die Selfmade-Reklamefachfrau. Auf diese Weise verdiente sie fast im Alleingang den Lebensunterhalt für die Familie. Besonders stolz war sie auf ihren Ausflug in die Welt der Werbung allerdings nicht.

Nach Kriegsende kehrte das Ehepaar in die Politik zurück. Elly Heuss-Knapp wurde liberale Landtagsabgeordnete im zerstörten Stuttgart, konzipierte Schulbücher – und trat vors Rundfunkmikrofon. Einer über Jahre hinweg ethisch fehlgeleiteten, demoralisierten Jugend stellte sie christliche Vorbilder wie Friedrich von Bodelschwingh, Mathilda Wrede oder Elsa Brändström vor.

Als Theodor Heuss 1949 zum ersten Präsidenten der Bundesrepublik gewählt wurde, legte Elly ihr politisches Mandat nieder und nutzte ihre Position als First Lady, um die ungezählten Mütter zu unterstützen, deren Männer in Gefangenschaft, vermisst oder gefallen waren und die in den zerbombten Städten ihre Familien versorgen mussten. Nach dem Vorbild des „Bayerischen Mütterdienstes" gründete sie 1950 die bundesweite Organisation, die seither untrennbar mit ihrem Namen verbunden ist. Bis heute betreibt die „Elly-Heuss-Knapp-Stiftung – Deutsches Müttergenesungswerk" zahlreiche Heime für erholungsbedürftige Mütter mit einem breitgefächerten Hilfsangebot, das auf einem ganzheitlichen und frauenspezifischen Ansatz basiert.

> *Das Müttergenesungswerk ist bis heute mit ihrem Namen verbunden*

Mit der Sammelbüchse beim Bundespräsidenten: Das Pressefoto von 1950 prägt noch heute unser Bild von Elly Heuss-Knapp

1952 starb Elly Heuss-Knapp im Alter von 72 Jahren. Jesu Gleichnis von den anvertrauten Pfunden ist ihr zeitlebens Richtschnur gewesen: „Alle Gaben, auch die Neigung für einen Beruf, sind zugleich Aufgaben. Alle sind sie dem Menschen anvertraut ... Du sollst sie anwenden im Sinne deines Herrn." Diese Sätze stammen aus einem Sammelband mit Vorträgen der ersten First Lady, erschienen vor einem halben Jahrhundert. Ihre Gültigkeit haben sie bis heute bewahrt.

Elisabeth Schmitz:
Wo ist dein Bruder Abel?

„Als die Nazis die Kommunisten holten, habe ich geschwiegen; ich war ja kein Kommunist", beginnt ein berühmter Ausspruch von Martin Niemöller; ebenso als sie die Sozialdemokraten holten, dann die Gewerkschafter – und er endet: „Als sie mich holten, gab es keinen mehr, der protestieren konnte." Erst im Nachhinein, sagen uns diese Worte, wurde klar: Wegducken und Stillhalten ist nie eine Option gewesen. Viel früher hätten wir gegen das Unrecht aufstehen müssen.

Aus heutiger Sicht mag es verwundern, dass Niemöllers Ausspruch eine Opfergruppe ausblendet. Es fehlt, möchte man meinen, der Satz: „Als sie die Juden holten, habe ich geschwiegen; ich war ja kein Jude." Die Juden – das war der Blinde Fleck im Kirchenkampf der Bekennenden Kirche, deren führender Vertreter Niemöller gewesen ist. Der Kirchenkampf war nicht so sehr eine Auseinanderset-

Elisabeth Schmitz, Kirchenvorstand der Berliner Kaiser-Wilhelm-Gedächtnis-Kirche und Mitglied der Bekennenden Kirche

zung zwischen Kirche und Staat als eine innerkirchliche Abgrenzung gegen die Deutschen Christen, zudem eine Zurückweisung des totalitären Anspruchs, den der Nationalsozialismus auf das Leben der Menschen erhob. Nur vereinzelte Frauen und Männer der Bekennenden Kirche sahen sich als Christen in der Pflicht, gegen die Rassenpolitik des „Dritten Reichs" zu protestieren. Zu ihnen zählt die Lehrerin Dr. Elisabeth Schmitz (1893–1977).

Ihr Weg in den Widerstand beginnt bereits im April 1933. Ihre „nicht-arische" Nachbarin und Freundin Martha Kassel muss ihre ärztliche Tätigkeit aufgeben und wird von einem Tag auf den anderen ihrer Existenzgrundlage beraubt. Elisabeth Schmitz nimmt sie bei sich auf. In der Folgezeit dokumentiert sie Menschenrechtsverstöße gegen Juden und fordert in empörten Briefen prominente Christen auf, Stellung zu beziehen. Zu ihren Adressaten zählt der Theologe Karl Barth, die höchste Autorität der entstehenden Bekennenden Kirche. Elisabeth Schmitz belässt es nicht bei Briefen, sondern fährt mehrmals von Berlin nach Basel, wo Barth seit 1935 lehrt. Die Gespräche bilden, so vermutet man, die Grundlage für ihre Denkschrift „Zur Lage der deutschen Nichtarier". Darin argumentierte sie ausgehend vom Standpunkt der gläubigen Christin. Die Schrift wandte sich an Geistliche, Synodale und Leitungsgremien und suchte zur damaligen Zeit ihresgleichen: „Was sollen wir antworten einst auf die Frage: Wo ist dein Bruder Abel? Es wird auch uns, auch der Bekennenden Kirche keine andere Antwort übrig bleiben als die Kainsantwort." – Soll ich meines Bruders Hüter sein? Ja!, fordert die Denkschrift mit allem Nachdruck.

1. April 1934: Ein SA-Uniformierter posiert vor dem jüdischen Warenhaus Tietz in Berlin. Ziel des Boykotts waren jüdische Geschäfte, Banken, Arztpraxen und Rechtsanwaltskanzleien in ganz Deutschland

Elisabeth Schmitz findet klare Worte. Für die Kirche handele es sich nicht einfach um eine „Tragödie, die sich vollzieht, sondern um die Sünde unseres Volkes, und da wir Glieder dieses Volkes sind und vor Gott verantwortlich für dieses unser Volk, um unsere Sünde." Jeder Christ, jede Christin sei „unentrinnbar in diese Schuldgemeinschaft … verstrickt". Wie könne, fragt die Autorin, die Kirche auf Vergebung der Sünde hoffen, wenn sie „der Verhöhnung aller Gebote Gottes zusieht, ja die öffentliche Sünde nicht einmal zu benennen wagt, sondern – schweigt?"

> „Keine Tragödie, sondern die Sünde unseres Volkes"

Die Denkschrift erscheint anonym. Elisabeth Schmitz verteilt sie an gleichgesinnte Kirchenmitglieder, an Pfarrer und leitende Personen in der Bekennenden Kirche, darunter auch an Dietrich Bonhoeffer. Und sie legt sie ihrer Kirchenleitung vor. Die Steglitzer Bekenntnissynode vom September 1935 allerdings bringt sie gar nicht erst zur Sprache. Die Synodalen sind vor allem um die Existenz ihrer Kirche besorgt.

Wegen „Aufsässigkeit" muss Elisabeth Schmitz ihr Mädchengymnasium in Berlin-Mitte verlassen und kommt an einer Schule in Lankwitz am Rande der Hauptstadt unter. Ende 1938 meldet sie sich krank und bittet um Versetzung in den Ruhestand. „Es ist mir in steigendem Maße zweifelhaft geworden, ob ich den Unterricht bei meinen rein weltanschaulichen Fächern – Religion, Geschichte, Deutsch –

so geben kann, wie ihn der nationalsozialistische Staat von mir erwartet", schreibt sie an ihre vorgesetzte Behörde. Ihrem Antrag wird stattgegeben. Nun hat die 45-Jährige Zeit, die sie nutzt, um ihre Freundin Martha Kassel bis zu deren Emigration zu begleiten. Ihre Wohnung und ein Wochenendhaus stellt sie Verfolgten als Versteck zur Verfügung.
1943 zieht sie in ihr Elternhaus nach Hanau. Ihre Berliner Wohnung mitsamt ihren Korrespondenzen und persönlichen Unterlagen wird bei einem Bombenangriff zerstört. Nach dem Krieg ist sie bis zur Pensionierung 1958 Lehrerin in Hanau, 1977 stirbt sie mit 84 Jahren.
Über ihr Wirken während des Nationalsozialismus hat sie nach 1945 weitgehend geschwiegen. Ihre Denkschrift wurde fälschlicherweise einem anderen Mitglied der Bekennenden Kirche zugeschrieben. Erst 2004 entdeckte man im Keller einer Hanauer Kirche eine Aktentasche mit einem Teil ihres schriftlichen Nachlasses. Seither wissen wir, wer Elisabeth Schmitz wirklich gewesen ist.
„Als die Nazis die Juden holten, hat sie nicht geschwiegen", könnte, in Abwandlung des Niemöller-Spruchs, das Leben von Elisabeth Schmitz überschrieben sein. Für Protestanten ist die Geschichte der Bekennenden Kirche ein schwieriges Kapitel. Einerseits hat sie so wichtige Bekenntnisschriften wie die Barmer Theologische Erklärung hervorgebracht. Andererseits macht uns ratlos, wenn wir lesen, dass der sonst so kritische Karl Barth noch 1936 in einer Basler Vorlesung sein „Befremden" gegenüber

*Der „Garten der Gerechten" in Yad Vashem, Jerusalem.
2011 wurde Elisabeth Schmitz postum aufgenommen und trägt
seither den Ehrentitel „Gerechte unter den Völkern"*

Juden erläuterte. Oder dass Bonhoeffers Name nach dessen Verhaftung 1944 auf den Fürbittenlisten der Bekennenden Kirche nicht zu finden ist. Vor diesem Hintergrund erscheint das Wirken von Elisabeth Schmitz umso beeindruckender und eine biografische Forschung umso wichtiger, die sich solchen einzelnen, fast vergessenen, besonderen Menschen widmet – als Teil einer Traditionspflege, auf die die Kirche ihre Gegenwart und Zukunft bauen kann.

Dorothee Sölle:
„Den Himmel erden"

Den Frommen war sie zu politisch, den Linken zu christlich, der Amtskirche zu sehr eine Unruhestifterin, den Kirchenfernen zu kirchennah. Sie passte einfach in keine Schublade. Sie scherte sich nicht um Autoritäten, sympathisierte mit einer „Kirche von unten". Sie war Bestsellerautorin und hatte bei Vortragsveranstaltungen und Diskussionsforen einen immensen Zulauf.

Eine Persönlichkeit wie Dorothee Sölle konnte hierzulande nur außerhalb der kirchlichen und universitären Einfriedungen werden, was sie uns heute ist: die womöglich bedeutendste und einflussreichste deutsche Theologin des 20. Jahrhunderts.

Dabei war ihr dieses Fach wahrhaftig nicht in die Wiege gelegt worden. Die Kirche spielte in ihrem gutbürgerlichen Elternhaus keine Rolle. Groß war das Erstaunen der Familie, als Dorothee 1951, mitten im Studium, die Klassische Philologie an den Nagel hängte und sich der

Dorothee Sölle (1929–2003): radikale Kritik am Bestehenden und die Suche nach einer neuen Frömmigkeit – das war das Spannungsfeld, in dem sie lebte und wirkte

Theologie zuwandte. Es war eine Lebensentscheidung, die die 22-Jährige damals traf.

1954 heiratete sie den Maler Dietrich Sölle. Sie ging in den Schuldienst, dann als Assistentin an die TH Aachen, später als Studienrätin im Hochschuldienst an die Universität Köln, schrieb Beiträge für Rundfunk und Zeitschriften und wurde Mutter dreier Kinder.

Ihre Ehe geriet in eine Krise, und Dietrich Sölle verließ die Familie. Jede alleinerziehende berufstätige Frau kann sich vorstellen, was das heißt. In den 60er-Jahren kam neben den extremen Belastungen erschwerend hinzu, mit dem Makel des Scheiterns zu leben. „Selbstbewusstsein zu entwickeln", schrieb Dorothee Sölle später über diese Zeit, „in einer Gesellschaft, in der man sich schuldig fühlt für das Misslingen einer Ehe, das fiel mir sehr schwer."

1965 erschien ihr Buch „Stellvertretung – Ein Kapitel Theologie nach dem ‚Tode Gottes'" – und löste die ersten

In der Antoniterkirche mitten in der Kölner Innenstadt begründete Dorothee Sölle 1968 mit Gleichgesinnten das ökumenische „Politische Nachtgebet". Vietnam, NS-Vergangenheit, Ost-West-Konflikt waren Themen der „Politischen Theologie", die damals ganz am Anfang stand

heftigen Kontroversen um die Autorin aus. Im Nachhinein hat man den Eindruck, dass die Entrüstung bei denen am größten war, die bei der Lektüre des Buches über den Titel gar nicht erst hinausgekommen sind.

Als Autorin und Vortragende entwickelte Dorothee Sölle ganz neue Ausdrucksweisen, um über Gott reden zu können. Sie betrieb die Theologie eher als Kunst denn als Wissenschaft, denn Dichten und Beten, so die Autorin, seien im Grunde dasselbe. Mit „Theopoesie" lässt sich ihr Werk am ehesten umschreiben, und das rückt sie in die Nähe des nicht minder unkonventionellen Dichterpfarrers Kurt Marti, mit dem sie eine tiefe Freundschaft verband.

1969 heirateten Dorothee Sölle und Fulbert Steffensky. Ein Jahr später kam die Tochter Mirjam auf die Welt. In der streitbaren Theologin und dem ehemaligen Benediktinermönch trafen zwei unabhängige Köpfe zusammen, die eine produktive Fantasie verband. Ein berühmtes Bonmot umschreibt ihr gemeinsames Arbeiten: Wenn sie sich beklagte, dass er ihr Wasser in den Wein schütte, antwortete er: Ich mache deinen Essig erst genießbar.

Eines ihrer späteren Bücher heißt: „Den Himmel erden". Hier spricht nun nicht mehr die Brandrednerin, sondern die Mystikerin Dorothee Sölle. Der Wunsch nach einer Rückbindung (lat. religio) an Gott ist dem menschlichen Wesen von Anfang an eingeschrieben, so der Ausgangspunkt. Dagegen steht die Erfahrung des Lebens als Fragment, als zusammenhanglos und zufällig. Geglücktes Leben wäre Ganz-Sein – ohne Absicherung vertrauen, hoffen, glauben zu können.

Dorothee Sölles Mystik: die Zusammenschau von Innen und Außen

Sölle interpretiert die traditionelle Mystik um. Sie verlegt den Akzent von der Innenschau auf eine „neue befreiende Sicht der Welt", auf den Widerstand gegen alles, was dem Leben widerspricht, das Gott den Menschen gegeben hat.

Dorothee Sölle war, obwohl sie hierzulande nie ein Kirchenamt bekleidet hat, eine einflussreiche Stimme im deutschen Protestantismus. Die Feministische Theologie, die Befreiungstheologie, die kirchliche Friedensbewegung, der Kirchentag, das Bekenntnis zur Einen Welt verdanken ihr wichtige Impulse. Mit ihren Büchern hat sie immer wieder an das protestantische Selbstverständnis appelliert, sich nicht alles vorsetzen zu lassen, sondern selbst um den Glauben zu ringen.

Ihr Leben wirkte rastlos. Dabei schöpfte Dorothee Sölle aus einer tiefen Quelle, die Fulbert Steffensky einmal mit „Genuss Gottes" übersetzte. Sie vermochte Gott in der Schönheit der Welt ebenso zu erleben wie in der Schönheit menschlicher Beziehungen. „Orte der Absichtslosigkeit" waren ihr lebenswichtig. Und weiter: „Sie war zu Hause im Spiel: in dem also, was sich nicht durch seine Zwecke rechtfertigt. Sie hat Klavier gespielt bis zum letzten Tag. Sie hat im Kirchenchor gesungen bis zur letzten Woche. Sie hat mit ihren Enkeln gespielt. Sie hat Gedichte gelesen und geschrieben. Sie hat gebetet und die Gottesdienste besucht. Zu Hause war sie in jenen nutzlosen Köstlichkeiten. Ihre Gelassenheit in allem Zorn hatte einen Grund, den sie in ihrem letzten Vortrag so formulierte: ‚Wir beginnen den Weg zum Glück nicht als Suchende, sondern als schon Gefundene.' Das ist die köstliche Formulierung dessen, was wir Gnade nennen."

Wir beginnen den Weg zum Glück nicht als Suchende, sondern als schon Gefundene